VIOLIN
REPERTOIRE

BARTÓK
44 Duos, *BB104*
for two violins
Edited by Akiko PAPP

バルトーク
44のデュオ BB104
2本のヴァイオリンのための

パップ晶子 編

音楽之友社

ONGAKU NO TOMO EDITION

作曲者による序文

2曲*の例外を除いてすべてのデュオの主要なテーマは、農民の旋律に基づいています。曲は難易度順に配列しました。したがってコンサートで演奏する場合は、楽譜の曲順を参考にするのではなく、1曲あるいは構想に従っていくつかの曲を選んで組み、attaccaで演奏してください。ご参考までに何組かの例を挙げましょう。

> I. 第44, 19, 16, 28, 43, 36, 21, 42番　　IV. 第11, 22, 30, 13, 31,（32）番
> II. 第17, 38, 37, 10, 35, 39番　　　　　　V. 第1, 8, 6, 9番
> III. 第7, 25, 33, 4, 34番

＊訳者注：第35番「ルテニアのコロメイカ」と第36番「バグパイプは響く」のこと。

ベーラ・バルトーク

6つの民族

バルトークが民謡採集を行った当時のハンガリー王国には、たくさんの民族が住んでいました。《44のデュオ》には以下の6つの民族の旋律が出てきます。

スロヴァキア人
第3, 4, 5, 8, 9, 11, 12, 13, 15, 20, 33, 34, 41番（計13曲）
チェコ人とともに国を築きましたが、10世紀にハンガリー人に侵入され、1918年までの千年間、スロヴァキア人はハンガリーの支配下にありました。スロヴァキア人はスラブ系西スラブ族でスロヴァキア語も西スラブ系です。

ルテニア人
第10, 16, 23, 24番（計4曲）
ルテニアとは、ウクライナ西部からポーランド南東部地域の歴史的名称で、「赤ロシア」という意味です。ルテニア人はスラブ系東スラブ族で、かつてはルテニア語を話しましたが、旧ソビエト連邦時代にロシア語が共通語になったため、現在ルテニア語を話せる若者はほとんどいなくなりました。

※バルトークはゾーヨム県の兵舎に赴いてノーグラード県出身の兵士の歌を採取した。

ハンガリー人
第1, 2, 6, 14, 17, 18, 19, 22, 25, 26, 27, 28, 37, 43番（計14曲）
ハンガリー人（マジャル人）はウラル山脈付近から民族の大移動をして9世紀に現在の地に定住したアジア起源の民族です。祖先は気性の激しい騎馬民族でした。主な宗教はカトリック教、ハンガリー語はウラル・アルタイ系です。

※第26番は採取地不明。

セルビア人
第39番（1曲）
セルビア人は7世紀ごろからバルカン半島中西部に居住しました。スラブ系南スラブ族で、セルビア語はキリル文字を使う南スラブ系です。宗教は東方正教会です。

ルーマニア人
第7, 21, 29, 30, 31, 32, 38, 40, 44番（計9曲：コリンダ4曲、マラムレシュの旋律3曲、器楽の旋律2曲）
ローマ帝国時代（106～271年）に多くのローマ人が入植したので、ルーマニア人はラテン系民族です。ルーマニア（România）とは「ローマ人の末裔」という意味です。主な宗教は東方正教会のルーマニア正教、ルーマニア語はラテン系です。

アラブ人
第42番（1曲）
バルトークは1913年に地中海を船で渡ってアフリカ大陸のアルジェリアに行き、アラブの民俗音楽を採集しました。アラブ人はアラブ語を話し、宗教はイスラム教です。

※1, 2：バルトークが撮影した写真
写真提供：ハンガリー科学アカデミー人文科学研究センター音楽学研究所バルトーク資料館

原曲のイメージ

《44のデュオ》で使われているさまざまな民族の音楽について、より原曲がイメージできるようにイラストで紹介します。また、各楽曲には原曲の歌詞の抄訳を掲載しました（詳しい解説は56pからを参照）。

第12番「干し草集めの歌」（スロヴァキア）

第18番「ハンガリーの行進の歌(2)」（ハンガリー）

第31番「新年のあいさつの歌(4)」（ルーマニア）

第34番「数え歌」（スロヴァキア）

第38番「ルーマニアの回転踊り」（ルーマニア）

第40番「ワラキアの踊り」（ルーマニア・マラムレシュ）

第42番「アラブの歌」（アルジェリア）

もくじ

作曲者による序文／6つの民族 ─────────────────────────── 2
原曲のイメージ ─────────────────────────────────── 3

第1集／I. HEFT／I. FÜZET

1. 縁結びの歌／Necklied／Párosító ─────────────────────── 5
2. カラマイコー／Reigen／Kalamajkó ──────────────────── 5
3. メヌエット／Menuetto ────────────────────────── 6
4. 夏至祭り／Sommer-Sonnwendlied／Szentivánéji ──────────── 6
5. スロヴァキアの歌(1)／Slowakisches Lied (1)／Tót nóta (1) ──────── 7
6. ハンガリーの歌(1)／Ungarisches Lied (1)／Magyar nóta (1) ──────── 8
7. ワラキアの歌／Wallachisches Lied／Oláh nóta ───────────── 8
8. スロヴァキアの歌(2)／Slowakisches Lied (2)／Tót nóta (2) ──────── 9
9. 遊び／Spiel-Lied／Játék ─────────────────────── 10
10. ルテニアの歌／Ruthenisches Lied／Rutén nóta ──────────── 10
11. 子守歌／Wiegenlied／Gyermekrengetéskor ────────────── 11
12. 干し草集めの歌／Heu-Erntelied／Szénagyűjtéskor ─────────── 12
13. 婚礼の歌／Hochzeitslied／Lakodalmas ───────────────── 12
14. 枕踊り／Polster-Tanz／Párnás tánc ────────────────── 14

第2集／II. HEFT／II. FÜZET

15. 兵士の歌／Soldatenlied／Katonanóta ──────────────── 15
16. ブルレスク／Burleske／Burleszk ──────────────────── 16
17. ハンガリーの行進の歌(1)／Ungarischer Marsch (1)／Menetelő nóta (1) ── 16
18. ハンガリーの行進の歌(2)／Ungarischer Marsch (2)／Menetelő nóta (2) ── 17
19. おとぎ話／Märchen／Mese ─────────────────────── 18
20. 歌／Wechselgesang／Dal ─────────────────────── 18
21. 新年のあいさつの歌(1)／Neujahrslied (1)／Újévköszöntő (1) ───── 20
22. 蚊の踊り／Mückentanz／Szunyogtánc ───────────────── 21
23. 花嫁を送り出す歌／Abschied von der Braut／Menyasszonybúcsúztató ── 22
24. 冗談歌／Scherzlied／Tréfás nóta ─────────────────── 22
25. ハンガリーの歌(2)／Ungarisches Lied (2)／Magyar nóta (2) ─────── 24

第3集／III. HEFT／III. FÜZET

26. ちょっとちょっと、おばさん／Spottlied／„Ugyan édes komámasszony…" ── 25
27. シャーンタの踊り／Hinke-Tanz／Sánta - tánc ───────────── 26
28. 悲嘆／Gram／Bánkódás ──────────────────────── 27
29. 新年のあいさつの歌(2)／Neujahrslied (2)／Újévköszöntő (2) ───── 28
30. 新年のあいさつの歌(3)／Neujahrslied (3)／Újévköszöntő (3) ───── 28
31. 新年のあいさつの歌(4)／Neujahrslied (4)／Újévköszöntő (4) ───── 30
32. マラムレシュの踊り／Tanzlied／Máramarosi tánc ──────────── 31
33. 収穫の歌／Erntelied／Aratáskor ────────────────── 32
34. 数え歌／Zähllied／Számláló nóta ────────────────── 33
35. ルテニアのコロメイカ／Ruthenische Kolomejka／Rutén kolomejka ──── 34
36. バグパイプは響く／Dudelsack／Szól a duda ──────────────── 36

第4集／IV. HEFT／IV. FÜZET

37. 前奏とカノン／Vorspiel und Kanon／Preludium és kánon ────────── 38
38. ルーマニアの回転踊り／Rumänischer Dreh-Tanz (Învârtita bătrânilor)／Forgatós ── 41
39. セルビアの踊り／Serbischer Flecht-Tanz (Zaplet)／Szerb tánc ─────── 42
40. ワラキアの踊り／Wallachischer Tanz／Oláh tánc ──────────── 44
41. スケルツォ／Scherzo ─────────────────────── 46
42. アラブの歌／Arabischer Gesang／Arab dal ──────────────── 48
43. ピッツィカート／Pizzicato ──────────────────────── 51
44. トランシルヴァニアの踊り／Siebenbürgisch (Ardeleana)／„Erdély" tánc ── 52

作品へのアプローチ ─────────────────────────── 54
各曲に引用された民俗の旋律について ─────────────────── 55
タイトルと記譜について、校訂報告、付記 ───────────────── 64

44 Duos

for two violins

Béla Bartók

第1集 / I. HEFT / I. FÜZET

1. 縁結びの歌　Necklied / Párosító

しゃくやくの花が
道に　たれてる
だれも　摘まずに
枯れていく

(53″)

2. カラマイコー　Reigen / Kalamajkó

その名は　カラマイコー
悪魔みたいに　足をふりあげ　とびはねる
茶色い髪のやつ　まわれ　まわれ
みんな　みんな　まわれ　まわれ

(36″)

3. メヌエット Menuetto

ミバエが　ぶんぶん
水たまりの上で
（ヤンチ　家に帰っておいで）
大地には　仕事がある
家には何もない

4. 夏至祭り Sommer-Sonnwendlied / Szentivánéji

粉をひく　魚をとる
君たちの水車から
きれいなむすめが
生まれるのさ

5. スロヴァキアの歌（1）　Slowakisches Lied(1) / Tót nóta(1)

トゥーローツのはずれで
トゥーローツのはずれで
川は曲がる
川は曲がる

6. ハンガリーの歌（1）　Ungarisches Lied (1) / Magyar nóta (1)

お嬢さんのサンダルの中に
チギリギリ
足の指にトゲがささった
バガラガリ

7. ワラキアの歌　Wallachisches Lied / Oláh nóta

皇帝は　村の少女たちに
手紙をおくった
「花の種を　これ以上まいてはいけない
　少年たちはいずれ　去るのだから」

8. スロヴァキアの歌 (2) Slowakisches Lied (2) / Tót nóta (2)

ヘイ、美しいマリシュカよ
コマーロムに行ってはいけない！
コマーロムでも君は知られている
鞭打ちの刑にされるよ！

9. 遊び　Spiel-Lied / Játék

ちょうちょが　スカートに　落っこちた
あの人は　私のもの
神様も　約束してくれた
お母さん　やもめにあげないで

10. ルテニアの歌　Ruthenisches Lied / Rutén nóta

神様　お守りください
この平和な世界に
災いが　やって来ませんように

11. 子守歌 Wiegenlied / Gyermekrengetéskor

ねむれ　ねむれ　泣かないで
ゆっくり　おやすみ
神様に守られて
ねむれ　ねむれ　明日まで

*) 調号：第1ヴァイオリンはB♭–D♭（B♭–E♭ではないので注意！）。
　　　第2ヴァイオリンはF♯。

12. 干し草集めの歌　Heu-Erntelied / Szénagyűjtéskor

熊手で干し草　かき集め
厄をみんな　かき集め
悲しみの底で　熊手を折った

13. 婚礼の歌　Hochzeitslied / Lakodalmas

柳の幹を切り倒して運ぶ
もう小枝を落とさなくていい
かつては小枝に
美しい花輪をかけたものだ

14. 枕踊り Polster-Tanz / Párnás tánc

ハンカチを　なくしちゃった
お母さんに　しかられる
見つけてくれたら
キスしてあげる

(48″)

第2集 / II. HEFT / II. FÜZET

15. 兵士の歌　Soldatenlied / Katonanóta

ビストリツァの兵舎
ビストリツァの兵舎
ビストリツァの兵舎
屋根は白い板

(54″)

18. ハンガリーの行進の歌（2）　Ungarischer Marsch(2) / Menetelő nóta(2)

ビロー・マルチャのガチョウ
ティサ川に飛び込んだ
ガチョウを追っかけふたっとび
マルチャのパンツはま〜る見え

19. おとぎ話 Märchen / Mese

くじゃくよ　お妃さまのくじゃくよ！
もし私がくじゃくだったら
気持ちよく目覚め
翼をはばたかせ
美しい羽根を散らすのに

(1'6")

20. 歌 Wechselgesang / Dal

3ガラシュのパプリカ
マリカ　僕のことを愛しているかい？
ハンガリーの3度目の正直
もちろん僕は君を愛しているよ
ハンガリーの3度目の正直

21. 新年のあいさつの歌（1）　Neujahrslied(1) / Újévköszöntő(1)

この数日に
雄鹿がここを通らなかったか？
　おぉ　神よ　われはキャロルを歌う
雄鹿は通らなかった
雄鹿は私の悲しみを通り越したのだ

22. 蚊の踊り Mückentanz / Szunyogtánc

蚊をつかんだら　馬よりでかかった
あぶったら採れた油は１アコー
そんなこと信じるやつは馬よりアホ
そんなこと信じるやつは馬よりアホ

23. 花嫁を送り出す歌　Abschied von der Braut / Menyasszonybúcsúztató

母さん　聞いておくれ
僕はお嫁さんをつれてくる
母さん　聞いておくれ
僕はお嫁さんをつれてくる

24. 冗談歌　Scherzlied / Tréfás nóta

雌ヤギを買った
女房は雄ヤギのほうがいいと言う
ああ、そうかい
君が望めば雌ヤギが雄ヤギになるだろうよ

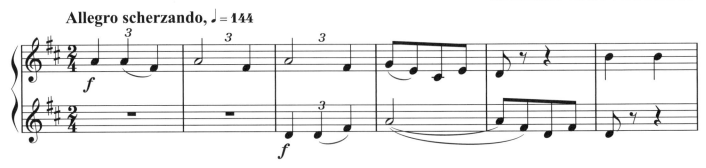

25. ハンガリーの歌 (2) Ungarisches Lied (2) / Magyar nóta (2)

ニワトコの枝がしだれている　ホイ！
今夜(こんや)はどこで寝(ね)ようか？
ヘイェ、フヤ、ホイ！

(45″)

第3集 / III. HEFT / III. FÜZET

26. ちょっとちょっと、おばさん　Spottlied / „Ugyan édes komámasszony…"

ちょっとちょっと　おばさん
どうしてそんなに細身なの？
私はなんておデブ
まるでお肉の脂身よ
このクソ暑さで　とけちゃいそう

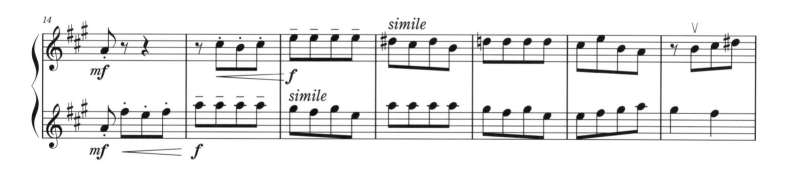

(30")

27. シャーンタの踊り Hinke-Tanz / Sánta - tánc

ヘイ、どろんこ、うざったい
シャーンタ・ベケ出てこい
ヘイ、どろんこ、うざったい
シャーンタ・ベケ出てこい

(30″)

28. 悲嘆 Gram / Bánkódás

僕の栗毛の馬の蹄鉄はピッカピカ
マダラシュの宿屋のむすめはこうまんちき
僕はずっと待ってたのに
君はどこに消えたんだ？

29. 新年のあいさつの歌（2）　Neujahrslied(2) / Újévköszöntő(2)

はるか天空に
うら若い花婿よ！
天国のふもとに
神が腰かけている

30. 新年のあいさつの歌（3）　Neujahrslied(3) / Újévköszöntő(3)

白い花よ！
コリンダを歌いに来ました
僕らはコリンダを歌う
ガリシアに遠征中のご主人さまに
災いが起きませんように！

31. 新年のあいさつの歌（4）　Neujahrslied(4) / Újévköszöntő(4)

はるか向こうの　山の上に
おお　神よ　私たちは歌おう！

32. マラムレシュの踊り　Tanzlied / Máramarosi tánc

あぁ　愛しい君よ！
あぁ　愛しい君よ！
そんなに震えないで
そんなに震えないで
君は私の永遠の憧れ

Allegro giocoso, ♩ = 132

(38″)

33. 収穫の歌　Erntelied / Aratáskor

若者が草を刈る　草を刈る
鎌を壊してしまえばいいのに
そうすれば
夜には私のところに来てくれる

(1'27")

34. 数え歌　Zähllied / Számláló nóta

ポーランド少女が　森に水汲みに
そこに出てきた坊さん１人（２人、３人…）
ポーランド少女　水怖い
石から噴き出たらどうしよう

Allegramente, ♩ = 152

*) 数字が記されているところで、歌い手はその数字を数え上げながら歌った。（訳者注：節を追うごとに「僧侶が１人」「僧侶が１人、２人」「僧侶が１人、２人、３人」……と僧侶の数が増えていく数え歌。62p歌詞の対訳参照）

35. ルテニアのコロメイカ Ruthenische Kolomejka / Rutén kolomejka

*1) バルトーク・オリジナルのテーマ

第36番の変型 Variante zu Nr.36 / A36. Változata

第4集 /Ⅳ. HEFT /Ⅳ. FÜZET

37. 前奏とカノン Vorspiel und Kanon / Preludium és kánon

しゃくやくの花が　道にたれてる
誰にも摘まれずに　枯れていく
愛し合っている　恋人たち
赤い頬　まなざし　微笑み　どれもすてき

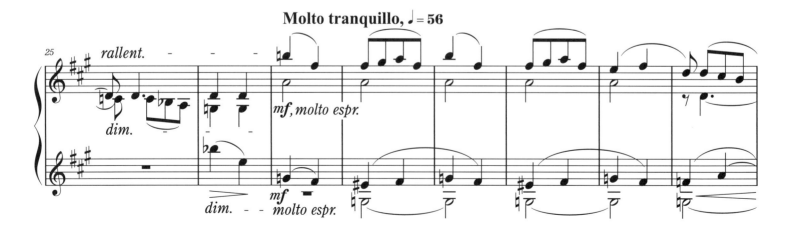

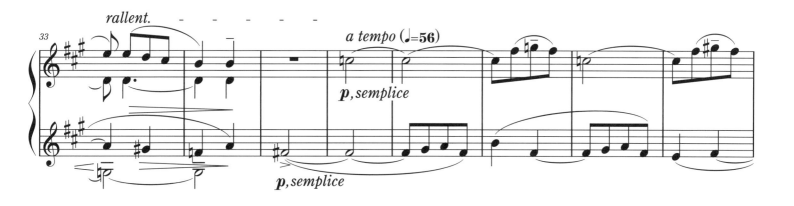

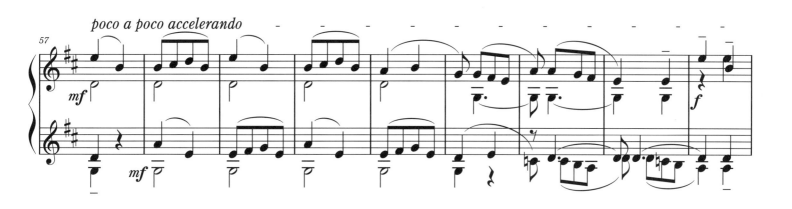

38. ルーマニアの回転踊り Rumänischer Dreh-Tanz (Învârtita bătrânilor) / Forgatós

(36″)

39. セルビアの踊り Serbischer Flecht-Tanz (Zaplet) / Szerb tánc

40. ワラキアの踊り Wallachischer Tanz / Oláh tánc

巻き毛の君　巻き毛の君
村長さんは恐いかい？
恐がることはないさ
お母さんが　何とでもしてくれるさ

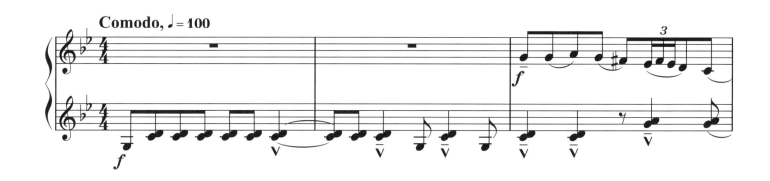

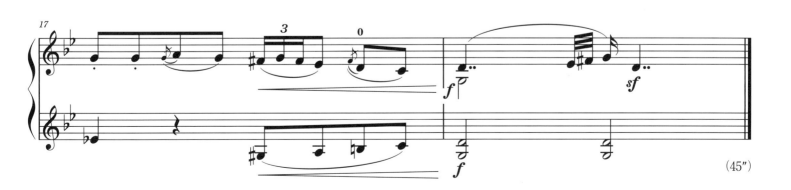

(45″)

41. スケルツォ　Scherzo

おいらの豚が子を産んだ
子豚が生まれたぞ
白い子豚が1匹　黒い子豚が3匹
トゥラララララタタ

42. アラブの歌 Arabischer Gesang / Arab dal

＊）*ruvido*：粗野に

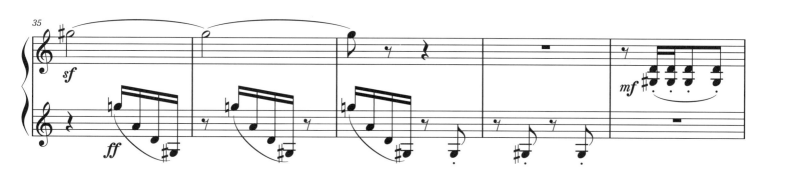

*) 弦を垂直につまみ上げて放し、指板にぶつけることでバチンと鳴らすピッツィカート（訳者注：バルトーク・ピッツィカートと呼ばれている）。

43. ピッツィカート Pizzicato

冬にツバメなんていないさ
にわとりしめて
ごちそう食べて
恋人にキスをする

(1'5")

44. トランシルヴァニアの踊り Siebenbürgisch (Ardelzana) / „Erdély" tánc

作品へのアプローチ

パップ晶子

民俗音楽の採集と研究

ベーラ・バルトークは1881年にオーストリア=ハンガリー二重帝国のハンガリー王国領内ナジュセントミクローシュで生まれた。音楽史上その時期はロマン派音楽が終焉を告げた頃であり、ハンガリー王国内の社会情勢はナショナリズムの気運の高まりを見せていた。そのような環境で育った若きバルトークもまた、自分の作品に何かハンガリー的な要素を取り入れて新しい作曲技法を開拓したいという思いを強く抱くようになった。そして1906年より蓄音機を担いでハンガリーの農村をまわり、民謡の採集旅行を始めた。

当初はハンガリー民謡を採集する目的であったが、ハンガリー王国領内にはハンガリー人のほかに、スロヴァキア人、ルーマニア人、ルテニア人、セルビア人、クロアチア人、ドイツ人など数多くの民族が居住していた。そのため、フィールド調査中にしばしば聴こえてくる他民族の旋律にもバルトークは興味を持つようになり、スロヴァキア、ルーマニア、ルテニアなどの旋律も採集することになる。ロマン派の音楽から脱却する新しい芸術音楽を模索していたバルトークは、それぞれの農民音楽の中に長-短の機能を持たない5音音階や古い教会旋法、変化に富むリズム、頻繁な拍の交替などを発見し、新しい調性組織などを形成する可能性を見出し、夢中になる。採集旅行は、当時ピアノ科教授を勤めていた王立音楽院（現在のリスト音楽大学）の休暇中に精力的に行い、1913年には北アフリカのビスクラ地方（アルジェリア）でアラブの民謡採集も行った。

しかし、第1次世界大戦勃発で国内は混乱し、敗戦後はトリアノン条約（1920年）によって国土が約3分の1に縮小され、民謡採集旅行はいくつかの例外を除いて中断を余儀なくされた。以降バルトークは、それまでに採集した2721のハンガリーの旋律、約3500のルーマニアの旋律、約3200のスロヴァキアの旋律、そして他の研究者が採集した旋律などを徹底的に分析し、研究を深めていくことになる。それでも苦肉の策で、スロヴァキア人やルーマニア人などの兵士が駐屯する兵舎に出向いて民謡採集を行ったこともあった。《44のデュオ》第15番「兵士の歌」には、戦乱のさなかにバルトークが兵舎でスロヴァキア人兵士から採取した旋律が引用されている。

愛国主義的精神からハンガリー民謡を採集する目的で始めた民俗音楽の研究であったが、こうして研究対象の民族を増やしていくうちにバルトークは人類博愛的精神を抱くようになり、曲中にさまざまな民族の要素が溶け込んでいるような全人類的な音楽を書くに至る。教育作品として書かれた《44のデュオ》は、短く簡素な1曲に1つの民族の旋律をほぼ形を変えずに引用する形態をとっているが、全体を見渡すと6つの民族の旋律を含むグローバルな規模で仕上げられている。

バルトークのヴァイオリン作品

バルトークは、ほぼ全創作期にわたって次のとおり多くのヴァイオリンを使用したソロまたは室内楽作品を残している。

国際的に活躍した著名なピアニストでもあったバルトーク

◆バルトークのヴァイオリン作品

ヴァイオリン協奏曲（第1番）BB48a（1907-08年、献呈：シュテフィ・ゲイエル）
弦楽四重奏曲第1番 Op.7 BB52（1908-09年）
弦楽四重奏曲第2番 Op.17 BB75（1914-17年）
ヴァイオリン・ソナタ第1番 Op.21 BB84（1921年、献呈：イェリー・ダラーニ）
ヴァイオリン・ソナタ第2番 BB85（1922年、献呈：イェリー・ダラーニ）
弦楽四重奏曲第3番 BB93（1927年）
ラプソディ第1番（ヴァイオリンとピアノのための）BB94a（1928年、献呈：ヨーゼフ・シゲティ）
ラプソディ第1番（ヴァイオリンと管弦楽のための）BB94b（1928-29年）
弦楽四重奏曲第4番 BB95（1928年）
ラプソディ第2番（ヴァイオリンとピアノのための）BB96a（1928年、献呈：ゾルターン・セーケイ）
ラプソディ第2番（ヴァイオリンと管弦楽のための）BB96b（1928-29年）
44のデュオ（2本のヴァイオリンのための）BB104（1931-32年）
弦楽四重奏曲第5番 BB110（1934年）
ヴァイオリン協奏曲（第2番）BB117（1937-38年、献呈：ゾルターン・セーケイ）
コントラスツ（ヴァイオリン、クラリネットとピアノのための）BB116（1938年、献呈：ヨーゼフ・シゲティ、ベニー・グッドマン）
弦楽四重奏曲第6番 BB119（1939年）
無伴奏ヴァイオリン・ソナタ BB124（1944年、献呈：ユーディ・メニューイン）

**◆バルトークと他者の共同編曲による
ピアノ曲からのヴァイオリンとピアノのための作品**

ソナチネ（バルトーク／ゲルトレル）BB102a
ハンガリー民謡（バルトーク／オルサーグ）BB109（《子供のために1》より9曲）
ルーマニア民俗舞曲（バルトーク／セーケイ）
ハンガリー民謡（バルトーク／シゲティ）（《子供のために1》より6曲）

は、作曲はピアノを使用しながら行い、自分がコンサートで演奏することを想定して書いたピアノ作品も多い。しかしながらピアノ曲の作曲時期は、主に1907-20年と1926年および1932-39年の《ミクロコスモス》と、著しく偏っている。それに対してヴァイオリン演奏の経験は無いにも関わらずヴァイオリン作品をコンスタントに生み出し続けたという事実は興味深い。

その背景に、シュテフィ・ゲイエル、イェリー・ダラーニのような才能溢れる女性ヴァイオリニストが身近にいたこと、またゾルターン・セーケイ、ヨーゼフ・シゲティ、ユーディ・メニューインら大家の存在が作曲の大きな原動力になっていたことは間違いない。

また、バルトークもベートーヴェンのように各創作時期において書法が熟すると弦楽四重奏曲を書き、そして仕切り直しをして新たな探索をするという習性があり、生涯に書かれた6つの《弦楽四重奏曲》から創作の軌跡を見ることができる。

さらに、民謡採集旅行中に農民たちの民俗楽器としてのヴァイオリン演奏を目の当たりにしたバルトークは、芸術音楽演奏とはまったく異にする粗野な技術や生き生きとした演奏表現を自らの作品に吸収し、芸術音楽のヴァイオリン曲に新しい可能性と色彩を加えたと言えよう。

教育作品としての《44のデュオ》

《44のデュオ》の作曲は、1930年にバルトークがフライブルクでコンサート活動をした折に、ヴァイオリン教本制作を計画中の同地の音楽教育学者エーリッヒ・ドフライン（1900-77年）が、バルトークのピアノ教育作品《子供のために》から数曲をヴァイオリンのデュオに編曲してもよいかとバルトークに尋ねたことがきっかけになっている。これに対してバルトークは、

自身で新たな民謡の編曲作品を書くことを提案し、ドフラインはそれを承諾して正式に作曲の依頼をした。

バルトークは初期の段階から右の表のように子供のためのピアノ教育作品の作曲を手掛け、《子供のために》と《ミクロコスモス》のような大規模な作品、そしてピアノ教本『ピアノの学校』を含む7作品を書いている。本格的な作曲活動を始めたときからバルトークは、初心者向けのピアノ教材に音楽的価値のあるものがバッハのもっとも易しい作品やシューマンの《こどものためのアルバム》などの例外を除いて存在しないことを懸念し、さらに現代音楽を理解してもらうために子供のための作品を書く必要性を感じていたからである。また当初バルトークは、民謡の旋律にはすばらしい価値があり、民謡を教育作品に使用することが最適だと考えていた（『ピアノの学校』制作からオリジナルのテーマが増えていった）。

このような過程を経て、ヴァイオリン初心者のために過去から現代の小曲を集めて芸術的に充実した教本を制作したいというドフラインからの依頼をバルトークが快諾し、さらに、民謡編曲の枠内で新たな挑戦をしたいという意欲が湧いたことは当然の成り行きであろう。バルトークが50代で書いたこの《44のデュオ》が、彼の一連の民謡編曲による作品の最終作となっている。同じく民謡の編曲である20代後半で書いた《子供のために》や30代の《ルーマニア民俗舞曲》などより書法が洗練されていることは言うまでもないが、長年にわたる民俗音楽研究の中で、とくに「面白い、魅力的、凄い」と思った曲が配列されていて、譜面は簡素でも曲ごとの奥深さを追求する楽しみは尽きない。1906年から情熱をもって続けられた民謡採集と研究、ならびに大量の教育作品作りの実績と成果が存分に発揮された作品である。

◆ピアノ教育作品
《10のやさしい小品》1908年
《子供のために1, 2》1908-09年
『ピアノの学校』（ピアノ教則本 レショフスキー／バルトーク）1913年
《ピアノ初心者のために》（『ピアノの学校』からの18曲の抜粋）1929年
《ルーマニアのクリスマスの歌》《ルーマニア民俗舞曲》《ソナチネ》1915年
《ミクロコスモス1～6》1926, 1932-39年
◆ヴァイオリン教育作品
《44のデュオ》1931-32年
◆合唱教育作品
《27の2部および3部の合唱曲》1935, 36年

作曲の経緯は、バルトークとドフラインの間で交わされた書簡から知ることができる。1931年初頭にバルトークはまず38番、39番、44番などをドフラインに送ったのだが、それらは初心者には難しすぎ、ドフラインから初心者の技術に関する具体的な助言を受けながら徐々に易しい曲を追加していった。ドフラインの教本には契約上の問題があり、一部しか掲載されなかったが、1933年にユニヴァーサル社から全44曲が《44のデュオ》として出版された。第1～4集で構成され、難易度順に並べられている。教育作品ではあるが、コンサート・ピースとして使用できる芸術性の高さを備えており、バルトークは序文（2p参照）の中にコンサートで演奏する場合の曲の組み合わせの例を挙げている。

各曲に引用された民俗の旋律について

パップ晶子

《44のデュオ》は各曲に民俗の旋律が引用されているため（第35、36番はバルトーク・オリジナルのテーマ）、それぞれの旋律の構造や要素、性格などについて、主にバルトークの著書を参考に解説を行う。耳慣れない民俗音楽用語が多いかもしれないが、次の3点を念頭に置くと理解しやすいだろう。
- 多くの旋律が4行歌詞構造である。つまり楽譜上では4つのフレーズからなる構成となっている。
- 音階はほとんどが旋法やペンタコード、ペンタトニックなどであり、増2度を含むものも見られる。クラシック音楽の長音階・短音階とは異なる性格である。終止音はしばしば音階の第1音で終わらない。
- この曲集に引用されている民謡は、歌詞の1音節に対して音符1音が当てはまるので（若干の例外を除く）、歌詞の音節数はフレーズごとの音符の数を数えるとわかる。

1. 民俗の旋律のジャンル

この曲集に引用されている民俗の旋律を用途や内容別に分類すると右のようになる。

*1 叙情歌は子供の歌に対して大人の歌のことを指す。
*2 縁結びの歌とは、カップルを結びつける祈願をこめて歌われたハンガリーの古い習慣の旋律。
*3 コリンダについては後述のコリンダの項目を参照。

◆**子供の歌**（遊戯歌、数え歌など）
◆**叙情歌**[*1]（愛の歌、冗談歌、哀歌、兵士の歌、夏至祭りの歌、子守歌、干し草集めの歌、収穫祭の歌など）
◆**儀式の歌**（婚礼の歌）、**古い習慣にまつわる歌**（縁結びの歌[*2]）、**年中行事の歌**（コリンダ[*3]）
◆**器楽の旋律**

2. バルトークによる民謡の分類

民族によってバルトークの分析の観点が異なるので、ここからは、引用された数の多いハンガリー、スロヴァキア、ルーマニアの旋律について解説を行う。

ハンガリー民謡の分類

バルトークは1920年代に書いた2つの論文と著書『ハンガリー民謡』で、ハンガリー民謡を3つのグループに分類した。その後もバルトークは研究を続け、著書『ハンガリー民謡全集』(1940年完成、出版は1991年から開始)において分類に修正を行っている。

> Ⓐ 古いスタイルの旋律＝等音節4行歌詞の旋律 (第1, 19, 22, 37, 43番)
> Ⓑ 新しいスタイルの旋律＝新しいスタイルの旋律 (第17, 18, 27番)
> Ⓒ その他の旋律(混成グループ)＝不等音節4行歌詞の旋律、あるいは3行、2行歌詞の旋律 (第2, 6, 14, 25, 26, 28番)

この曲集に引用されているⒶの特徴は、いずれも等音節の4行歌詞、**非構築型構造**。等音節とは歌詞の音節がすべての行で揃っていることで、楽譜上ではフレーズごとの音符の数が揃っており、4行歌詞なので4つのフレーズから成る。旋律構造はＡＢＣＤまたはＡＡＢＣのように最後のフレーズにＡが再現しない非構築型。なお、第22, 37, 43番は『ハンガリー民謡全集』の時点でⒸからⒶに修正された。Ⓑは1850年頃以降の新しいスタイルの旋律を指し、特徴はテンポ・ジュスト(拍を歯切れよく刻む)、旋律構造はＡＡＢＡ、ＡＡ⁵ＢＡ、ＡＢＢＡのように最後のフレーズにＡが再現する整った形式になっている(A^5はＡを5度上に移す)。Ⓒの旋律は、第25番のみ不等音節の3行歌詞、他は不等音節の4行歌詞。

スロヴァキア民謡の旋律構造

バルトークの著書『スロヴァキア民謡第1〜3巻』(1923年完成)によると、この曲集に引用された旋律構造は次の通りである(分類はその他多岐にわたるが、詳しくは『バルトーク 子供のために2』66, 67p／音楽之友社 参照)。

> 等音節4行歌詞の旋律 (第8, 11, 12, 13, 33番)
> 不等音節4行歌詞の旋律 (第3, 4, 5, 9, 20, 41番)
> その他の旋律 (第34番：子供の歌)
> ＊第15番は不明。

ルーマニアの旋律の分類

この曲集に引用されているルーマニアの旋律は『マラムレシュ』(1923年)、『ルーマニア民俗音楽第1巻 器楽曲』(1945年完成)、『ルーマニア民俗音楽第4巻 コリンダ』(1945年完成)の3つのバルトークの著書に掲載されている。各著書におけるバルトークの分類は次の通り(分類はその他多岐にわたる)。

『マラムレシュ』

マラムレシュとはハンガリー語でマーラマロシュ県のことで、ハンガリー王国北東部国境付近の絶景の高い山岳地帯に位置した(2p地図参照)。辺境の地であるが、中世から岩塩を生産し、林業も盛んであったことから比較的豊かな地域で、鮮やかな民俗文化が開花した。バルトークはマラムレシュの旋律を夢中に採集し、早くも1923年に著書を刊行した。そこから次の3つの旋律がこの曲集に引用されている。

> 儀式以外の歌　新しいホラ＊の4行歌詞 (第7, 40番)
> 踊りの旋律　2小節単位の4つのフレーズから成る構成 (第32番)
> ＊ホラ：マラムレシュの叙情歌

『ルーマニア民俗音楽第1巻 器楽曲』

この曲集に引用されている2曲は、踊りのためにヴァイオリンで奏された構造のある旋律。

> 踊りの音楽　4小節単位の4つのフレーズから成る構成 (第38, 44番)

『ルーマニア民俗音楽第4巻 コリンダ』

コリンダとは12月下旬(ちょうどクリスマスの時期)に農村で少年たちが一軒一軒を周って歌う民間伝承の旋律(詳しくは『バルトーク ピアノ作品集2』69, 70p／音楽之友社 参照)。元来は新年を祝い、幸運を祈る祝賀行事の歌であったが、太古から伝わる叙事詩からクリスマス・キャロルの内容まで色々な歌詞がある。旋律の特徴は、拍が頻繁に交代する変拍子、ＡＢＣv(vはヴァリアント＝変型)の組み合わせの構造、構成音は少なく、歌詞に挿入句(リフレイン)がみられることなど。

> 旋律の分類：8音節3行歌詞 (第21, 29, 30番)
> 　　　　　　8音節4行歌詞 (第31番)
> 歌詞の分類：世俗的な歌詞　叙事詩〈狩猟〉(第21番)
> 　　　　　　世俗的な歌詞　叙事詩〈牧歌〉(第31番)
> 　　　　　　宗教的な隠喩を含む世俗的な歌詞　コリンダの一般的な習慣に関する歌詞〈コリンダ歌唱隊の到来〉(第30番)
> 　　　　　　宗教的な歌詞　聖書の出来事に関する歌詞〈アダムとイヴの堕落〉(第29番)

3. 各曲の歌詞の対訳、旋律の要素について

各曲に引用されている旋律について、曲ごとに次のように記す。

[民族] その旋律を奏した民族	[ジャンル] 歌われた用途、目的、種類、楽器の種類	[スタイル] 旋律構造と音階	[補足説明]
[歌詞の対訳] 原語／日本語			パップ晶子訳

1. 縁結びの歌 Párosító

[民　族] ハンガリー
[ジャンル] 古い習慣にまつわる歌(縁結びの歌)
[スタイル] Ⓐ等音節4行歌詞　非構築型構造
ペンタコード(ドレミファソ)
[補足説明] 旋律は異なるが、歌詞の内容は第37番と同じ。

A pünközsdi rózsa	芍薬の花が
Kihajlott az útra,	道にしだれている
Nincs, ki leszakassza,	誰も摘まずに
Csak úgy hërvad rajta.	枯れてゆく

2. カラマイコー　Kalamajkó

[民　　族] ハンガリー
[ジャンル] 叙情歌
[スタイル] ⓒ不等音節4行歌詞　ヘクサコード（ドレミファソラ）
[補足説明] カラマイコーとはメイポール・ダンスのことで、真ん中に長い棒を立て、棒の上から伸ばした長いリボンをみんながつかんでくるくる回る。

1) Kalamajkó annak neve,
　 Ugrándozik mint a fene,
　 Hányja-veti lábait,
　 Nem sajnálja inait.

1) その名はカラマイコー
　 悪魔のように飛び跳ねる
　 足を振り上げ
　 腱を惜しみやしない

2) 銅の拍車が鳴り響く／茶色い髪の奴よ、回れ、回れ／回れ、回れ、皆も／身重の奥さんも

3. メヌエット　Menuetto

[民　　族] スロヴァキア
[ジャンル] 叙情歌
[スタイル] 不等音節4行歌詞　不完全なペンタトニック（ドレミソ）

1) Lecela muška
　 nad vodou, nad vodou;
　 podzže Janíček,
　 poď domou, poď domou!

1) ミバエがぶんぶん唸る
　 水たまりの上で、水たまりの上で
　 ヤンチ、家に帰っておいで
　 帰っておいで、帰っておいで

2) 帰るあても／帰る家もない、家もない／大地には仕事がある、麦がある／家には何もない、何もない

4. 夏至祭り　Szentivánéji

[民　　族] スロヴァキア
[ジャンル] 叙情歌
[スタイル] 不等音節4行歌詞　不完全なミクソリディア旋法（ソドレミファ）
[補足説明] 3行目は小フレーズ2つで1フレーズを形成。各行の音節数は3, 3, 5+5, 3。

Mlinári,
ribári,
z vašeho mlina pekná dieučina
vichádzi.

粉をひく
漁をする
君たちの水車からきれいな娘が
生まれるのさ

5. スロヴァキアの歌（1）Tót nóta (1)

[民　　族] スロヴァキア
[ジャンル] 叙情歌
[スタイル] 不等音節4行歌詞　ペンタコード（ドレミファソ）

Na tureckej hranici
Na tureckej hranici
Tan sa voda točí,
Tan sa voda točí.

トゥーローツのはずれで
トゥーローツのはずれで
川は曲がる
川は曲がる

6. ハンガリーの歌（1）Magyar nóta (1)

[民　　族] ハンガリー
[ジャンル] 叙情歌
[スタイル] ⓒ不等音節4行歌詞　不完全なフリギア旋法（ミラシドレ、5度下で反復）

A küsasszony papucsába,
csigirigiri,
Szálka mënt a lábujjkába,
bagaragari.

お嬢さんのつっかけの中に
チギリギリ
足の指にトゲがささった
バガラガリ

7. ワラキアの歌　Oláh nóta

[民　　族] ルーマニア（マラムレシュ）
[ジャンル] 叙情歌
[スタイル] 新しいホラの4行歌詞　ABA₅B₅形式（A₅B₅はABを5度下に移す）増2度を含む変則的な旋法（ラシド♯レミファソ＋ソ♯）
[補足説明] 少年たちは兵役に就くため村を去ってしまう。

1) Trimis-o 'impăratu cart'e,
　 Trimis-o 'impăratu cart'e,
　 La fet'iľe ď'e pă sat'e,
　 La fet'iľe ď'e pă sat'.

1) 皇帝からの手紙
　 皇帝からの手紙
　 村の少女たちに
　 村の少女たちに

2) 花の種をこれ以上撒いてはならぬ／少年たちはいずれ去るのだから

8. スロヴァキアの歌（2） Tót nóta (2)

[民　　族] スロヴァキア
[ジャンル] 叙情歌
[スタイル] 等音節4行歌詞＊ 増2度を含む5音の音階（ラシドレ♯ミ）
[補足説明] 伝説的な悪女のことを歌った内容と思われる。＊6音節の4行歌詞で、反復の行は行数に含めない。

Ej Mariška švarná	ヘイ、美しいマリシュカよ
ňechoj do Komárna!	コマーロムに行ってはいけない！
V Komárňe ťa znajú,	コマーロムでも君は知られている
višibať ťa dajú,	鞭打ちの刑にされるよ
V Komárňe ťa znajú,	コマーロムでも君は知られている
višibať ťa dajú!	鞭打ちの刑にされるよ！

9. 遊び Játek

[民　　族] スロヴァキア
[ジャンル] 子供の歌（遊戯歌）
[スタイル] 不等音節4行歌詞＊ ペンタコード（ドレミファソ）
[補足説明] ＊この曲では2小節目を反復して歌詞1行目のみになっている（2, 3, 4行目は削除されている）。

Skočila mi mňfška, mňfška, do škorca;	ちょうちょがスカートの中に落っこちた
Ňedajže mňa, manka, manka, za douca!	お母さん、お母さん、未亡人にあげないで
A mňe pán boh sľubuje, že mňe von to daruje	神様は約束してくれた
mláďenca.	若者をわたしにくれると

10. ルテニアの歌 Rutén nóta

[民　　族] ルテニア
[ジャンル] 叙情歌
[スタイル] 4行歌詞 変則的な旋法（ミソ♯ラシドレ）

Tajďi Bože chlopu horast	神よ、ご加護を
A kaľici bidu	災いを滅ぼしてください
(O)bý kaľika nechodela	災禍がやって来ませんように
Po bilomu svitu.	この平穏な世界に

11. 子守歌 Gyemekrengetéskor

[民　　族] スロヴァキア
[ジャンル] 叙情歌
[スタイル] 等音節4行歌詞 トリコード（ラシド）
[補足説明] Parlando rubato（言葉のリズムによって揺らすルバート）で歌われた。

1) Búvajže mi, búvaj,	1) ねむれ、ねむれ
ľen sa ňenadúvaj;	泣きなさんな
ľepšie ti je spaťi,	ゆっくりおやすみ
ako nadúvaťi.	泣きなさんな

2) ねむれ、ねむれ／神のご加護のもと、ねむれ／目を覚まさないように／明日の朝までこの平穏な世界に

12. 干し草集めの歌 Szénagyűjtéskor

[民　　族] スロヴァキア
[ジャンル] 叙情歌
[スタイル] 等音節4行歌詞 テトラコード（ドレミファ）

Hrabala, hrabala,	干し草を熊手でかき集めた、かき集めた
čerta nahrabala,	厄をすべてかき集め
od veľkího žiaľu,	悲しみの底で
hrabľe dolámala.	熊手を折った

13. 婚礼の歌 Lakodalmas

[民　　族] スロヴァキア
[ジャンル] 儀式の歌（婚礼の歌）
[スタイル] 等音節4行歌詞 ミを欠くリディア旋法（ファソラシドレ）
[補足説明] 歌詞1番と同様、各節の歌詞の2, 4行目は、1, 3行目のくり返し。

1) Zoťaľi brezu, už ju vezú,	1) 柳の木を切り倒し、運んでくる
zoťaľi brezu, už ju vezú,	柳の木を切り倒し、運んでくる
už na ňej prúťa ňenarežu,	もう小枝を落とすことはない、小枝を
už na ňej prúťa ňenarežú. Híj!(refr.)	もう小枝を落とすことはない、ヒィー！(挿入句)

2) まだ小枝を落としていたころ、／枝に美しい花輪をかけたものだ
3) 根っこごと幹を切った：／一私は良い家系出身
4) 私はボニツキー家出身／一リホツキー家に愛する人がいる

14. 枕踊り　Párnás tánc

[民　　族] ハンガリー
[ジャンル] 子供の歌（踊り歌）
[スタイル] ⓒ不等音節4行歌詞　ペンタコード（ドレミファソ）
[補足説明] 枕踊りとは「ハンカチ落とし」と同様に、1人が枕を持ってステップを踏み、歌が終わったら枕を落とす。そこにいた人が枕を拾って交替する。

Elvesztettem zsebkendőmet,	ハンカチをなくしちゃった
Megver anyám érte;	お母さんに叩かれる
Aki nékem visszaadja	見つけてくれた人に
Csókot adok érte.	お礼のキスをしてあげる

15. 兵士の歌　Katonanóta

[民　　族] スロヴァキア
[ジャンル] 叙情歌
[スタイル] 不等音節4行歌詞　ドリア旋法（レミファソラシド）
[補足説明] ハンガリー民謡のⒷに影響を受けた旋律。第1次世界大戦の戦乱のさなかに、バルトークがゾーヨム県の兵舎に赴いてノーグラード県出身のスロヴァキア人兵士から採取した旋律。

Tá bystrická kasarňa,	ビストリツァの兵舎
Tá bystrická kasarňa,	ビストリツァの兵舎
Tá bystrická kasarňička,	ビストリツァの兵舎
bielym škriblom pokrytá.	屋根は白い板

16. ブルレスク　Burleszk

[民　　族] ルテニア
[ジャンル] 叙情歌
[スタイル] 4行歌詞　ペンタコード（ドレミファソ）
[補足説明] 1, 2行目は小フレーズ2つで1フレーズを形成。各行の音節数は7+7, 7+7, 5, 7。

Duše duše dušečko ľotá boľet serdečko	君よ、君よ、愛しい君よ
mene boľit pobolujě Mini nitko něviruje	心が痛む、痛む、誰も僕を信じちゃくれない
Aj, haj, ši iară,	エイ、ハイ、それでも
și mai mândră dana	オレってすごいだろ

17. ハンガリーの行進の歌（1）　Menetelő nóta (1)

[民　　族] ハンガリー
[ジャンル] 叙情歌
[スタイル] Ⓑ新しいスタイルの旋律AA⁵BA形式*　長音階
[補足説明] *A⁵はAを5度上に移す。

1) Nincsen szebb a magyar lánynál,	1) ハンガリー娘よりきれいな女性はいない
Vékony karcsú dërëkánál;	そのスラリとスリムな腰より
Olyan vékony, mint a nádszál,	葦のようにスラリとしている
Maga jár a legény után.	彼女が男を選ぶ

2) 彼女自身が男に言う／私を彼女にしなさいと／「よしよし、お嬢さん、俺は構わぬが／母親が君のことを哀れに思わないように
3) 母親はまだ知りゃしない／娘がどんなに浮気っぽいか／じきに知るだろう／庭先で男がうろちょろしているのを」

18. ハンガリーの行進の歌（2）　Menetelő nóta (2)

[民　　族] ハンガリー
[ジャンル] 叙情歌
[スタイル] Ⓑ新しいスタイルの旋律AA⁵BA形式*　ドリア旋法（レミファソラシド）
[補足説明] *A⁵はAを5度上に移す。この旋律では4フレーズ目のAが増大変型している。

Biró Marcsa libája	ビロー・マルチャのガチョウが
Belement a Tiszába,	ティサ川に飛び込んだ
Kettőt lépett utána:	ガチョウを追いかけて二(ふた)つ跳び
Kilátszott a Biró Marcsa piros alsó szoknyája.	ビロー・マルチャの赤いペチコートは丸見え

19. おとぎ話　Mese

[民　　族] ハンガリー
[ジャンル] 叙情歌
[スタイル] Ⓐ等音節4行歌詞　非構築型構造　不完全なペンタトニック（ラドレミ）
[補足説明] ブルガリアのリズム（分母の細かい速い特殊拍子）の影響を受けた $\frac{3+3+2}{8}$ 拍子。《子供のために1》第26番にも同じ旋律（歌詞は異なる）が引用されている。

1) Hëss páva, hëss páva,	1) 孔雀よ、孔雀よ
Császárné pávája!	皇后の孔雀よ！
Ha én páva volnék,	もし私が孔雀だったら
Jobb rëggel fëlkelnék.	爽快な朝に目覚めるだろう

2) 爽快な朝に目覚め／清い湧き水を求め／翼をはばたかせ／美しい羽根を散らすのに

20. 歌 Dal

[民　族] スロヴァキア
[ジャンル] 叙情歌
[スタイル] 不等音節4行歌詞　ドリア旋法（レミファソラシド）
[補足説明] *1 ガラシュは通貨の単位。*2 パプリカ/マリカは語呂遊び。*3「ハンガリーの3度目の正直」はハンガリーの有名なことわざ。1, 3行目は小フレーズ2つで1フレーズを形成。各行の音節数は7+7, 5, 7+7, 5。

Štiri groše paprika; či ma ľúbiš, Marika	3ガラシュ*1のパプリカ*2マリカ*2、僕のことを愛しているかい？
Három maďarom.(refr.)	ハンガリーの3度目の正直*3（挿入句）
Ako biťa ňerada, keď si moja porada,	君をもちろん愛しているよ、君は僕の憧れ
Három maďarom.(refr.)	ハンガリーの3度目の正直（挿入句）

21. 新年のあいさつの歌（1） Újévköszöntő (1)

[民　族] ルーマニア
[ジャンル] 年中行事の歌（コリンダ：叙事詩〈狩猟〉）
[スタイル] 8音節3行歌詞　ABBv形式　ペンタコード（ドレミファソ）
[補足説明] 2行目は小フレーズ2つで1フレーズを形成。各行の音節数は8, 8+8, 8。BvはBの変型。装飾的な音符はこぶし。

Nu știu ieri alaltăieri,	この数日間
Nu știu ieri alaltăieri, N'a trecut cerbu p'aicia?	この数日間　雄鹿がここを通らなかったか？
Hoi̯ ĭerumi̯ dai̯ ĭerui Doamn'! (r.)	おぉ、神よ、我はキャロルを歌う（挿入句）

通らなかった、雄鹿はここを通れはしない、雄鹿は私の悲しみを通り越したのだ

22. 蚊の踊り Szunyogtánc

[民　族] ハンガリー
[ジャンル] 叙情歌
[スタイル] Ⓐ等音節4行歌詞　非構築型構造　ペンタコード（ラシドレミ）
[補足説明]「豚飼いの踊り」のリズム 2/4 ♪♪♪♪｜♪♪♪｜♪♪♪♪｜ で構成されている（con sord. の表現のため休符やタイによって音符の数を減らしている）。*1 アコー＝約50リットル。

Megfogtam egy szúnyogot, nagyobb volt a lónál,	蚊をつかんだら、馬よりでかかった
Kisütöttem a zírját, több volt egy akónál,	あぶって油を搾ったら、1アコー*1以上になった
Aki aztat elhiszi, szamarabb a lónál,	そんなことを信じるやつは馬よりアホ
Aki aztat elhiszi, szamarabb a lónál.	そんなことを信じるやつは馬よりアホ

23. 花嫁を送り出す歌 Menyasszonybúcsúztató

[民　族] ルテニア
[ジャンル] 儀式の歌（婚礼の儀式）
[スタイル] 4行歌詞　エオリア旋法（ラシドレミファソ）

Udopéraj mamko ľísko	母さん、聞いておくれ
Bovede ti Sẏn nevístku,	僕は嫁さんを連れてくる
Udopéraj mamko ľísko	母さん、聞いておくれ
Bovede ti Sẏn nevístku.	僕は嫁さんを連れてくる

24. 冗談歌 Tréfás nóta

[民　族] ルテニア
[ジャンル] 叙情歌
[スタイル] 不等音節4行歌詞　長音階
[補足説明] バルトークは同じ旋律を用いて1945年に歌曲《夫の悲しみ》を書いた。コーダ付きの3番の歌詞は右のとおり。

Kupiv ja kozu kozu,	雌ヤギを買った、雌ヤギを
Žona kaže cap.	女房は雄ヤギが欲しいと言う
Oj tak, tak, Žono moja tanaj bude,	ああ、そうだね、そう　女房よ、そうなるさ
Voľa tvoja tanaj bude z kozý cap.	君が望めば雌ヤギが雄ヤギになるだろうよ

3) 市場で雌鶏を買った、女房はガチョウ！と言う。そう、そう、そう、貴女様の言うとおり、優しい妻よ、俺の命令者様よ、雌鶏がガチョウになるといいね！（Coda〈用心深く〉）でも、雌鶏は雌鶏のままだよ！

25. ハンガリーの歌（2） Magyar nóta (2)

[民　族] ハンガリー
[ジャンル] 叙情歌
[スタイル] Ⓒ不等音節3行歌詞　シを欠くエオリア旋法（ラドレミファソ）
[補足説明] この曲では歌詞2行目の冒頭（DDE）を反復している。歌詞には続きの節「君のほっそりしたおなかを枕に寝よう」がある。

Kidüllött a bojzafa, haj!	ニワトコの枝がしだれている、ホイ！
Bojzafa, Hun hálunk az éjszaka?	ニワトコの木、今夜はどこで寝ようか？
Heje huja haj!	ヘイェ、フヤ、ホイ！

26. ちょっとちょっと、おばさん　Ugyan édes komámasszony..."

[民　族] ハンガリー
[ジャンル] 叙情歌
[スタイル] ⓒ不等音節4行歌詞
長音階

Ugyan édes komám asszony, Hogy kend olyan sovány asszony,

Hogy tudott ugy elfogyni?
Lám én milyen kövér vagyok, Mint a háj majd elolvadok,

Ebbe fene melegbe.

ちょっとちょっと、おばさん、
　　　　あんた、どうしてそんなに細身なの
どうやってそんなにやせたの？
それに対して私は何てお亭ブ、
　　まるでお肉の脂身よ、とけちゃいそう
このクソ暑さで

27. シャーンタの踊り　Sánta-tánc

[民　族] ハンガリー
[ジャンル] 叙情歌
[スタイル] Ⓑ新しいスタイルの旋律　AABA
形式　長音階

Hej sár elő, sár elő
Sánta Beke állj elő,
Hej sár elő, sár elő
Sánta Beke állj elő.

ヘイ、どろんこ、うざったい
シャーンタ・ベケ出てこい
ヘイ、どろんこ、うざったい
シャーンタ・ベケ出てこい

28. 悲嘆　Bánkódás

[民　族] ハンガリー
[ジャンル] 叙情歌
[スタイル] ⓒ不等音節4行歌詞　変則的な旋法
（ラド♯レミファソ＋ド）
[補足説明] Parlando rubato（言葉のリズムによって揺らすルバート）で歌われた。

1) Pej paripám rézpatkója de fényes,
　Madarasi csárdás lánya de kényës!
　Kényës cipője, kapcája,
　De sok pénzömet kóstálja, hiába.

1) 僕の栗毛の馬の蹄鉄は輝いている
　マダラシュの宿屋の娘は高飛車な女！
　靴も、靴下も洗練されている
　たくさん金を遣わされるが、無駄だ

2) 僕の栗毛の馬は首を振る／僕は夜、君を心から待っていたのに／それなのに、君はどこに消えたんだ？／もう2晩も僕のところに来ていないよね

29. 新年のあいさつの歌(2)　Újévköszöntő (2)

[民　族] ルーマニア
[ジャンル] 年中行事の歌（コリンダ：宗教的な歌詞〈アダムとイヴの堕落〉）
[スタイル] 8音節3行歌詞＊　ABA形式　ペンタコード（ラシドレミ）
[補足説明] ＊2行目は字余りで10音節。3小節目を除く旋律の16分音符はこぶし。

Sus la naltu cįeruluįu,
Juṋealui bun, juṋea mirelui! (r.)
Su' poaľeľe raįuluįu.

はるか天空に
うら若き花婿よ！（挿入句）
天国の周辺の下に

天国の周辺の下に、麗しい絹のテーブルがある、しかし絹のテーブルの傍らに、親愛なる神が腰をかけている、神はこうに語った、「あぁ、アダムよ、愚かなアダムよ、私はお前に自由な楽園を与えた、すべての木から果実を食べられる楽園を、禁じられた1本を除いて、食べることを禁じた1本を」、しかしながらアダムはこう言った「おぉ、神よ、私に責められる筋合いはない、エヴァが摘んで私に与えたのだ」、エヴァは早速こう答えた「おぉ、神よ、私に責められる筋合いはない、ユダが摘んで私に与え、そして彼はその木をぐるぐる巻きに覆った」、全知全能の神はこう語った、「アダム、慎みなさい、天国から出て行きなさい！　永遠の生命と、幸福、そして甘い蜜のある場所から出て行きなさい」

30. 新年のあいさつの歌(3)　Újévköszöntő (3)

[民　族] ルーマニア
[ジャンル] 年中行事の歌（コリンダ：コリンダの一般的な習慣に関する歌詞〈コリンダ歌唱隊の到来〉）
[スタイル] 8音節3行歌詞＊　ABC形式　変則的な旋法（ミファソラシドレ＋ファ♯）
[補足説明] ＊1行目は字足らずで5音節。元の旋律にアウフタクトは無く、最終音もタイで結ばれていない。

Florile dalbe! (r.)
Colinda-om, colindare,
Colinda-om, colindare

白い花よ！（挿入句）
コリンダを歌いに来ました
僕らはコリンダを歌う

この家のご主人様が許してくれるだろうか、ご主人様が遠征中なので良き奥さまがお許し下さらないだろうか、ご主人様は森で狩をしているのではなく、ガリシアに遠征中、ご主人様に災いが起きませんように！

31. 新年のあいさつの歌（4） Újévköszöntő (4)

[民　　族] ルーマニア
[ジャンル] 年中行事の歌（コリンダ：叙事詩〈牧歌〉）
[スタイル] 8音節4行歌詞＊ ABAC形式 エオリア旋法（ラシドレミファソ）
[補足説明] ＊2, 4行目は字足らずで6音節（各最終音に2音節入っている）。1, 3行目の冒頭 Ăj と Și は間投詞なので音節数に含めない。旋律のすべての16分音符はこぶし。歌詞はルーマニアで最も有名な叙事詩「ミオリツァ（雌小羊）」。バルトークのピアノ曲《ルーマニアのクリスマスの歌》第1、2集ともこの叙事詩で始まる。

Ăj, Colo 'n sus pe nunte 'n sus<u>u</u>,	はるか向こうの山の上に
Hoi da l'er boieri! (r.)	おぉ、神よ、我らは歌おう！（挿入句）
Și Co lo 'n sus pe nunte 'n sus<u>u</u>,	はるか向こうの山の上に
Hoi da l'er boieri! (r.)	おぉ、神よ、我らは歌おう！（挿入句）

3つの羊の群れがある、3人の若い羊飼いと、1人は見知らぬ異国人、羊を先導するように、彼は下界へ遣わされた者、彼は羊たちを先導した、彼に対して他の2人の羊飼いは企んだ、彼を撃つか刺すか、首を落とすか、異国人の羊飼いのしもべたちは彼ら2人の企みを伝えた、彼を撃つか刺すか首を落とそうとしていると、異国人は2人に断言した、私の首を切ってはならぬ、胸を撃ち貫け、そして私を埋葬せよ、羊の群れの下に、羊が跳ねまわる大地に、角を生やした羊たちが、山で私の死を悼んでくれよう、金色の毛をした羊が谷間で泣いてくれよう、私の亡骸に土を盛るのではなく、私のマントをかけ、たて笛を置いてくれ、風が吹けば笛が鳴るであろう、そして羊たちが泣いてくれよう、神も私を許してくれよう、これは宿命であったのだから、2人が仲間から私を抹殺したのだ

32. マラムレシュの踊り Máramarosi tánc

[民　　族] ルーマニア（マラムレシュ）
[ジャンル] 踊りの旋律
[スタイル] 2小節単位の4つのフレーズ ABCB形式 レを欠くペンタトニック（ラドミソ）
[補足説明] 「男性の踊り：Jocul bărbătesc」の器楽の旋律にこの歌詞を付けて歌われた。病気の女性を心配する歌。

1) Hei tu mândriorul'e!,	1) あぁ、愛しい君よ！
Hei tu mândriorul'e!,	あぁ、愛しい君よ！
Nu t'e tare scutura,	そんなに震えないで
Nu t'e tare scutura.	そんなに震えないで

蝋燭のように蒼白だ、そんな痛ましく震えないでおくれ、この世は君のもの、ボトルのしずくも荷馬車一杯の薬も、愛することを君が教えてくれた、君は私の永遠の憧れ

33. 収穫の歌 Arataskor

[民　　族] スロヴァキア
[ジャンル] 叙情歌
[スタイル] 等音節4行歌詞（3行目は字余り）テトラコード（ラシドレ）
[補足説明] 中世のスロヴァキア農民は、男女別に農作業を行っていたが、収穫の時期のみ、男女共同作業を行った。したがってこの時期に若者はパートナーを探し、男性も女性もこのような歌をよく歌った。Parlando とは言葉のリズムによって多少揺らすこと。

1) Kosí šuhaj, kosí	1) 若者が草を刈る、草を刈る
zelenú tráv<u>i</u>čku,	緑の草を
bodaj kosu zlámau	鎌を壊してしまえばいいのに
po samú päťičku.	先っぽまで完全に

2) 鎌を壊してしまってほしい／壊してしまえば／夜には／私のところに寄ってくれる

34. 数え歌 Számláló nóta

[民　　族] スロヴァキア
[ジャンル] 子供の歌（数え歌）
[スタイル] テトラコード（ドレミファ）

1) Išla Pol'ka cez háj na vodu,	1) ポーランドの少女が森に水を汲みに行った
posretou hu jedon mních,	1人の僧侶と出会った
uchitiu si kämeník.	小石を一つつかんだけれど
Bála sa Pol'ka bála,	ポーランドの少女は怖がった
že sa kameň za ňou vál'a,	石から水が自分の方に
	噴き出すのではないかと

2)〜12)の1, 3, 4, 5行目は同じ。2行目が2人の僧侶と出会った、3人の僧侶と出会った、……12人の僧侶と出会った、となっている。

35. ルテニアのコロメイカ Rutén kolomejka

[民族] バルトーク・オリジナルのテーマ　　[ジャンル] 踊りの旋律の模倣　　[スタイル] 増2度を含む変則的な旋法（レミファソ♯ラシド）　　[補足説明] コロメイカとはルテニアのダンスの名称で、$\frac{2}{4}$拍子で8分音符が並び4分音符で締めくくるリズム・パターンを持つ。このリズムはハンガリー民謡などにも広まった。

36. バグパイプは響く Szól a duda

[民族] バルトーク・オリジナルのテーマ　　[ジャンル] 器楽曲（バグパイプの旋律の模倣）　　[スタイル] 不完全なミクソリディア旋法（ソラシドレ）

37. 前奏とカノン Preludium és kánon

[民　族] ハンガリー
[ジャンル] 古い習慣にまつわる歌（縁結びの歌）
[スタイル] Ⓐ等音節4行歌詞　非構築型構造
ドリア旋法（レミファソラシド）
[補足説明] 旋律は異なるが、歌詞の内容は第1番と同じ。

1) Két szál pünkösdrózsa
　 Kihajlott az útra,
　 El akar hërvadni,
　 Nincs ki lëszakítsa.

1) 2本の芍薬の花が
　 道にしだれている
　 誰にも摘まれずに
　 枯れてしまう

2) 庭に咲いている／あのバラではない／お互いを愛し合っている／あのバラ（訳注：恋人）のことだよ
3) 君を愛している理由は／2つの赤い頬／眼差し／素敵な微笑み

38. ルーマニアの回転踊り Forgatós

[民族] ルーマニア　　[ジャンル] 器楽曲（ヴァイオリン*1で奏された踊りの音楽）　　[スタイル] 4小節単位の4つのフレーズ　変則的な旋法*2（ドレミファ♯ソラシ♭＋シ）　　[補足説明] *1 バルトークお気に入りの村のヴァイオリニスト、イオン・ポポヴィッチ（当時22歳）による演奏。*2 倍音列音階または7音音階第2種のこと。Învârtina bătrânilor：年配者の回転踊り（回転踊りは動きが激しいため、若者用と年配者用の2種類がある）。

39. セルビアの踊り Szerb tánc

[民族] セルビア　　[ジャンル] 器楽曲（タンブーラで奏されたねじ巻きのコロ*の旋律）　　[スタイル] ヘクサトーン（ドレミファソラ）　　[補足説明] *ねじ巻きのコロ（Zaplet Kolo）：コロはセルビアのチェーン・ダンス。Zapletは少人数で輪っかにならず、手をつないで列になってねじ巻きのように回りながら踊る。

40. ワラキアの踊り Oláh tánc

[民　族] ルーマニア（マラムレシュ）
[ジャンル] 叙情歌
[スタイル] 新しいホラの4行歌詞　AABB形式
増2度を含む変則的な旋法（ラシレミファソ♯）
[補足説明] 裕福な家庭出身の男性は、軍隊への入隊の際に優遇され、頭髪の丸刈りも免除された。

1) Sucite păruțu meu,
　 Sucite păruțu meu,
　 Nu te teme de birău,
　 Nu te teme de birău.

1) 巻き毛の君
　 巻き毛の君
　 村長さんを怖がることはない
　 村長さんを怖がることはない

2) 恐れるものは何もない、大切な巻き毛よ／母親が何とでもしてくれるさ

41. スケルツォ Scherzo

[民　族] スロヴァキア
[ジャンル] 叙情歌
[スタイル] 不等音節4行歌詞　ペンタコード（ドレミファソ）

Oprasila sanám sviňa,
mala malé prasatá:
jedno bíle a tri čírne;
tra ra ra ra ra ta ta.

おいらの豚が子を産んだ
子豚が生まれたぞ
白い子豚が一匹、黒い子豚が3匹
トゥラララララタタ

42. アラブの歌 Arab dal

[民族] アラブ　　[ジャンル] 器楽（笛と太鼓*）と歌の旋律　　[スタイル] 増2度を含む4音（ファソ♯ラシ）　　[補足説明] *ガスバ（笛）、ブンディル（一方の側だけに皮が張られた直径約50cmの太鼓）。歌詞は不明。

43. ピッツィカート Pizzicato

[民　族] ハンガリー
[ジャンル] 叙情歌
[スタイル] Ⓐ等音節4行歌詞　非構築型構造
変位音ファ♯を含むヘクサコード（ドレミファソラ＋ファ♯）

Nem látam én télbe fecskét,
Most öltem meg egy pár csürkét;
Ëttem annak szüvit, máját,
Csókolom galambom száját.

冬にツバメを見たことはない
今、数羽の鶏をさばいた
その心臓とレバーを食べ
恋人の口にキスをする

44. トランシルヴァニアの踊り „Erdély" tánc

[民族] ルーマニア　　[ジャンル] 器楽曲（ヴァイオリンで奏された踊りの音楽）　　[スタイル] 4小節単位の4つのフレーズ　増2度を含む変則的な旋法（ラシ♭ド♯レミファソ＋シ、ファ♯、ソ♯）　　[補足説明] Ardeleana：トランシルヴァニアの踊り

引用された旋律の特定は Lampert Vera *Népzene Bartók műveiben：A feldolgozott dallamok forrásjegyzéke* Budapest Helikon Kiadó 2005, 同2008年英語版を参考にした。

タイトルと記譜について

1. タイトルは浄書稿に作曲者自身が書いたドイツ語、ハンガリー語を採択し、日本語タイトルは校訂者が主にハンガリー語タイトルから翻訳した。
2. 運指とボウイングはすべて作曲者によるものである。
3. ブレス記号｜、'は、すべて作曲者による。これらの意味は、バルトークがブージー＆ホークス社宛てに書いた書簡によると、｜は余分な休止を含まない中断（つまり最後の音を多少早く切り上げる）、'は余分な休止を含む中断を示す。
4. ♩と♩のスタッカートの区別は、バルトークがブージー＆ホークス社宛てに書いた書簡によると、弦楽作品における表示で、第16, 23, 29, 35, 44番に見られる♩は、最後の音を短く切ること（つまり通常のスタッカート）、♩は最後の音の中断を意味する。

校訂報告

本校訂作業にあたって、ハンガリーと日本で閲覧または入手できた浄書稿、出版譜（主にUE10452a,b）、作曲者による修正入り出版譜、ピーター・バルトークによる改訂版（UE10452a,b 1992年）を参考にした。強弱記号の位置、クレッシェンド、デクレッシェンド記号の長さなどは浄書稿に極力忠実に記した。

バルトークの出版譜から訂正した箇所で重要なものは、作曲者による修正入り出版譜に基づいて訂正した上記「タイトルと記譜について」4. に挙げた♩のスタッカートの位置の他、第42番「アラブの歌」33小節目のViolino.Ⅱの2拍目CをAに（ピーター・バルトーク版で訂正されている）、第44番「トランシルヴァニアの踊り」23小節目Violino.Ⅱの2拍目最終音D AをD Cisに訂正（ピーター・バルトーク版で訂正されている）、29小節目Violino.Ⅰの2拍目スラーの追加（本書で初めて訂正）の3点である。

付 記

スロヴァキア語歌詞はSzabados Anna（在ブダペスト、スロヴァキア文化センター職員）、ルテニア語歌詞はBorkó Tamás（ムンカーチ市〈旧ソ連ウクライナ共和国〉出身のハンガリー中央銀行員）がそれぞれの原語をハンガリー語に翻訳して下さいました。

また本校訂にあたって、ハンガリー科学アカデミー人文科学研究センター音楽学研究所バルトーク資料館館長ラースロー・ヴィカーリウシュ博士（Dr. László Vikárius）には資料閲覧の許可を、研究員の皆様から貴重な助言と協力を頂きました。ここに厚くお礼を申し上げます。

パップ 晶子（パップ あきこ）

桐朋学園大学ピアノ科卒業。ハンガリー政府奨学金を得てリスト音楽院に留学。しばしばハンガリー科学アカデミー・バルトーク資料館を訪れ、バルトーク研究を行っている。バルトーク作品の楽譜校訂を始め、多数の執筆活動、レクチャー・コンサートを行っている。日本ピアノ教育連盟中央運営委員、ピティナ正会員、鎌倉女子大学准教授。著書に『バルトーク ピアノ作品集1～3』『バルトーク 子供のために1、2』『バルトーク ミクロコスモス1～6』『バルトーク 戸外にて』『バルトークの民俗音楽の世界―子供のためのピアノ作品を題材に―』（以上、音楽之友社）、演奏CDに『バルトーク ミクロコスモス1～6』（日本コロムビア）がある。

バルトーク 44のデュオ BB104 2本(ほん)のヴァイオリンのための

2016年7月10日 第1刷発行	編者 パップ 晶(あき)子(こ)
2025年5月31日 第5刷発行	発行者 時 枝 正

発行所 株式会社 音楽之友社
東京都新宿区神楽坂6の30
電話 03(3235)2111(代) 〒162-8716
振替 00170-4-196250
https://www.ongakunotomo.co.jp/

476640

© 2016 by ONGAKU NO TOMO SHA CORP., Tokyo, Japan.

落丁本・乱丁本はお取替いたします。
Printed in Japan.

この音楽著作物の全部または一部を権利者に無断で複製（コピー）することは、著作権の侵害にあたり、著作権法により罰せられます。

楽譜浄書：(有)神野浄書技研
装丁：吉原順一
組版：鈴木典子
イラスト：ささきちみ
印刷：(株)平河工業社
製本：(株)誠幸堂